D1754567

STADTBILDER AUS MEERANE

FOTOS VON THOMAS AUGSTEN
TEXTE VON ANDREAS KUHN

STADT-BILD-VERLAG

Die westsächsische Stadt MEERANE liegt am Fuße des Erzgebirges und unmittelbar an der Grenze zu Thüringen. 1174, so der Abt und Chronist Gerlach aus Tabor, verstarb im Februar in "Mare" der böhmische König Wladislaus II. Damit wurde die Stadt erstmals urkundlich erwähnt. "Mare" bedeutete einst Meer, seichtes Gewässer, Teich oder Pfuhl. Das Meerchen, ein kleiner Bach in der Stadt, erinnert an den Ursprung des Namens. Der Ortsname änderte sich im Laufe der Jahrhunderte oft, wie Mer, Mehir, Mera, Mheran bezeugen, bis im Jahre 1853 der Stadtrat die heutige Schreibweise beschloß. Über Lage und Aussehen der Burg gibt es keine Überlieferungen. Vermutlich befand sie sich in unmittelbarer Nähe der Stadtkirche Sankt Martin, dem Ursprungsort der Stadtgründung. Um Kirche und Altmarkt entstand eine Handwerker- und Kaufmannssiedlung, die sich bis zum Rathaus erstreckte und völlig ummauert war. Das Stadttor am Altmarkt war die Verbindung nach Altenburg, das nordöstlich gelegene Tor öffnete sich nach Glauchau, das "Teichtor" zum Teichplatz, und das "Seifertor" an der Friedrichstraße führte in Richtung Zwickau.

1361 wurde die Herrschaft Meerane mit Stadt und den Dörfern Dennheritz, Höckendorf, Gesau, Tettau und dem Vorwerk Dittrich den in Glauchau ansässigen Schönburgern als böhmisches Lehen übereignet. Das zeigt deren Stammwappen im Stadtwappen von Meerane. Das 1420 erstmals erwähnte Rathaus wurde aus den Steinen der abgebrochenen Stadtmauer errichtet. Reste dieser mittelalterlichen Mauer werden am Bornberg vermutet. In der Stadt gab es mehrere Brände; nach dem verheerendsten, im Mai 1724, blieben nur die Kirche und 16 Häuser verschont. Von 1725 bis 1727 wurde das Rathaus in seiner heutigen schlichten Schönheit erbaut. Im 16. Jahrhundert wurde die Stadtanlage jedoch zu klein. So entstanden die Vorstädte am "Hohen Anger", dem heutigen Plan, am Pfarrberg, am Fuße des Rotenberges, und am "Niederen Anger", am Bornberg.

In der mittelalterlichen Ackerbürgerstadt entwickelte sich vor allem die Handweberei und prägte immer entscheidender die weitere städtische Entwicklung. Gab es 1544 nur 4 Leinewebergesellen, waren es 1616 bereits 15, und im Jahre 1820 wurden 396 Webermeister gezählt.

Das erste Handelshaus wurde 1750 gegründet. Die berühmten Meeraner "Schotten" und wollene Frauenhalstücher verbreiten den Namen der sächsischen Stadt weltweit. Eine ständig wachsende Nachfrage führte zur Gründung von Manufakturen, Handels- und Fabrikunternehmen. Die Stadt gewann immer mehr an überregionaler Bedeutung. Bedingt durch diesen wirtschaftlichen Aufschwung entstanden neue Wohnviertel, das Postamt im neobarocken Stil (1903), die imposanten Villen entlang der Schwanefelder Straße und der einhundert Hektar große Grüngürtel mit dem Wilhelm-Wunderlich-Park, benannt nach dem Stifter und Stadtrat.

In den Jahren vor dem II. Weltkrieg entstanden weitere Wohnbauten, aber auch so interessante Gebäude wie das Haus der Turngemeinde, die heutige Stadthalle, und das großzügig gebaute Kirchgemeindehaus. Während des Krieges blieb die Stadt von größeren Zerstörungen verschont. Nach dem Krieg verfielen jedoch die innerstädtische Bausubstanz und Infrastruktur aufgrund einer verfehlten staatlich-zentralistischen Baupolitik. Einzige nennenswerte Baumaßnahmen in DDR-Zeiten waren das heutige Richard-Hofmann-Stadion und die beiden Neubaugebiete westlich und östlich der Stadt.

Schon kurz nach der deutschen Wiedervereinigung wurde mit der Planung und teilweisen Realisierung des Gewerbegebietes westlich der Stadt – entlang der B 93 bis zur A 4 – begonnen. Bereits im Herbst 1992, ein Jahr nach dem symbolischen ersten Spatenstich, nahmen die ersten neuen Firmen ihre Arbeit auf. Dieses für die Region bedeutende Gewerbegebiet ist ein Hoffnungsträger für die Bürger der Stadt, entstehen doch viele der dringend benötigten Arbeitsplätze in diesem Bereich. Aber auch die zahlreichen, noch immer stadtbildprägenden Industriebrachen werden schrittweise einer sinnvollen Bestimmung zugeführt. In wachsendem Maße steht der Wohnungsbau im Mittelpunkt der städtischen Planungsabsichten. Durch private Investoren entstehen 500 Wohnungen in Form von Eigenheimen, Reihenhäusern und Wohnanlagen. Gleichzeitig wird die Stadtsanierung, vor allem die des Stadtkerns, vorangetrieben. Private und geförderte Baumaßnahmen sollen die Innenstadt interessanter und anziehender gestalten.

Wie einst die Meeraner "Schotten" gelangten auch eine Reihe von Bürgern dieser Stadt zu Berühmtheit: Die Schriftsteller Kurt Geucke und Erich Knauf, der Maler Otto Griebel, der Schauspieler Ralph Arthur Roberts, der Komponist Werner Bochmann, die Klavier- und Orgelbauer Friederici, der Naturheilforscher Friedrich Eduard Bilz und der Fußballspieler Richard Hofmann.

Zu den nennenswerten Sehenswürdigkeiten von Meerane gehört die einst von den Friedensfahrern gefürchtete "Steile Wand". Im Rathaus am Markt befindet sich das nach Jahren der Schließung 1992 wiedereröffnete Heimatmuseum mit Stadtgeschichts- und Sonderausstellungen. Die Städtische Galerie ART-ÌN präsentiert ständig Werke namhafter Künstler und ist beliebter Ort für Schriftstellerlesungen, kleine Konzerte und andere kulturellen Angebote. Zudem gibt es hier Stadtinformationen und ein wachsendes Sortiment an interessanten Publikationen. Auch die Schulen, insbesondere die beiden Gymnasien, zeigen sich nach erfolgter Fassadenrenovierung in alter Schönheit. Über die nach intensiver "Verjüngungskur" wiedereröffnete Stadthalle freuen sich vor allem die Kulturinteressierten der Stadt und Umgebung; auch stehen den Vereinen die Türen dieser Einrichtung offen.

Die Bürger der Stadt bemühen sich fortwährend um ein ansprechendes Stadtbild; "Meerane im Blumenschmuck" ist schon fast zur Tradition geworden, und am ausgeschriebenen Fassadenwettbewerb beteiligten sich die Hauseigentümer rege. Meeranes Anziehungskraft gründet auch darin, daß die Stadt gastfreundlich ist gegenüber allen Besuchern. Das "offene Stadttor" im Stadtwappen ist somit mehr als nur Symbol.

Meerane, April 1993   Andreas Kuhn

Blick vom Moeschler Weg. Kein Besucher der Stadt sollte sich diesen schönen Blick entgehen lassen.

Ortseingang mit Stele und Stadtwappen unmittelbar an der B 93 und der sächsisch-thüringischen Landesgrenze. Hier stand bis 1909 das Zollhaus.

Blick auf den Bahnhof. Gepflegte Blumenrabatten auf dem Vorplatz und das Rosarium in unmittelbarer Nähe sind Beispiele für die zahlreichen Grünanlagen in der Stadt.

Das Postgebäude. Von 1901 bis 1903 wurde es bedeutend vergrößert und entstand in neobarockem Stil.

Die Poststraße. Viele Geschäfte, die in letzter Zeit entstanden sind, beleben diese Straße wieder. Durch das Pflanzen von Bäumen wurde die Attraktivität zusätzlich erhöht.

Das Pestalozzi-Gymnasium. Von 1873 bis 1875 erbaut. 1992 wurde mit umfangreichen Baumaßnahmen begonnen, und bereits am 20. August fand der erste Unterricht im neuernannten Gymnasium statt.

Die Friedrichstraße. Im Hintergrund der Bürgergarten. 1891 wurde diese Grünanlage auf dem einstigen Gottesacker, der etwa 300 Jahre genutzt wurde, angelegt.

Fachwerkhaus am Bürgergarten. Um diese Grünanlage standen einst viele derartig schöne Häuser.

Der Bornberg. Hier werden Überreste der Stadtmauer vermutet. Durch das Entstehen von Vorstädten wurde die Mauer größtenteils überflüssig und deshalb abgebrochen. Das alte Rathaus war aus Steinen der Stadtmauer 1570 errichtet worden.   >

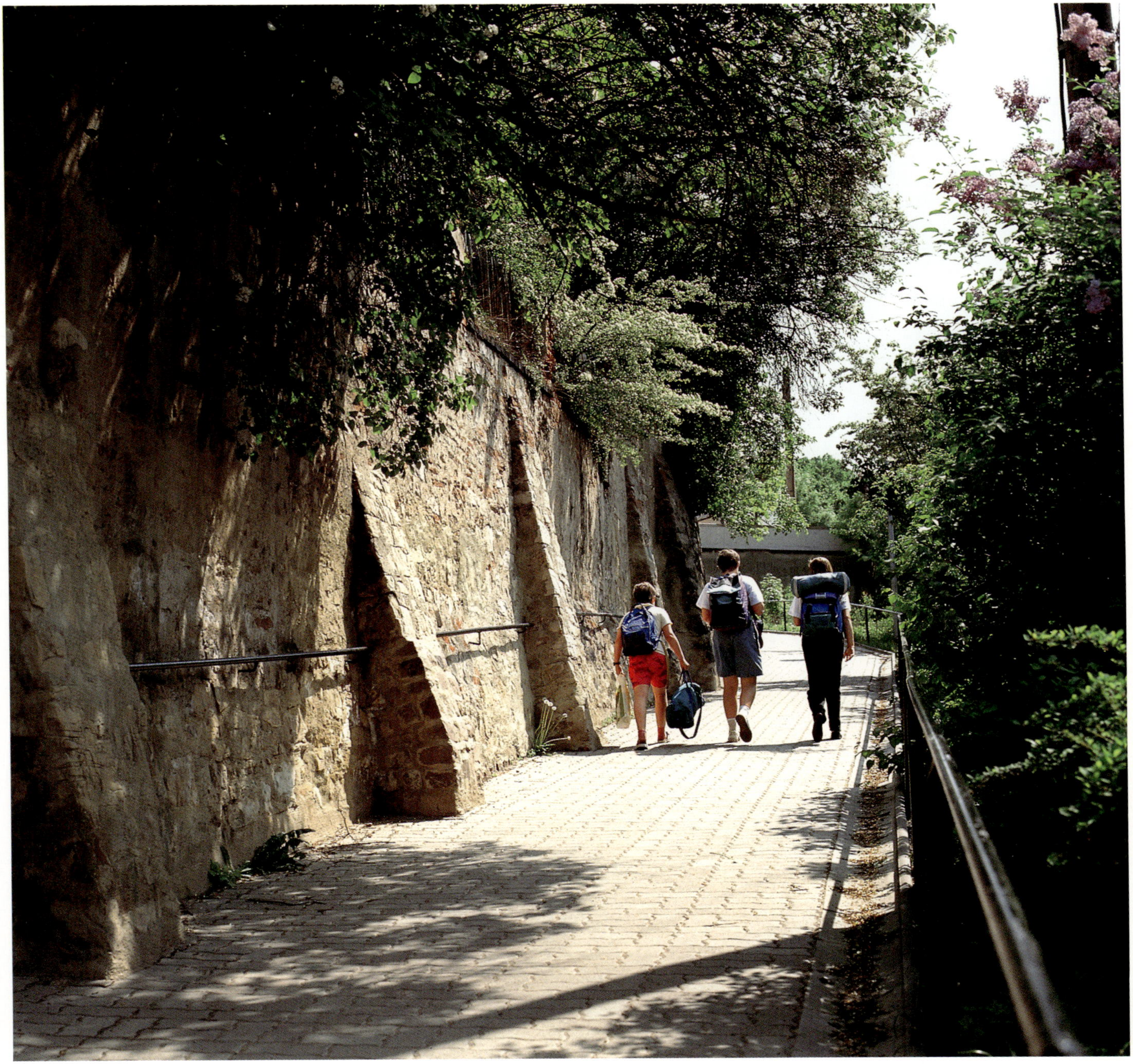

Die Lindenschule. Erbaut von 1863 bis 1864. Bereits zehn Jahre später mußte das Gebäude vergrößert werden. 1915 brannte der Dachstuhl ab. Nach dem Wiederaufbau blieb die Bausubstanz im wesentlichen erhalten. Verschönerungsarbeiten an der Fassade und die Modernisierung von Klassenzimmern erfolgten in letzter Zeit.

Die Steile Wand wurde durch die Friedensfahrt allen Radsportbegeisterten zum Begriff. Somit ist sie zum Wahrzeichen der Stadt geworden.   >

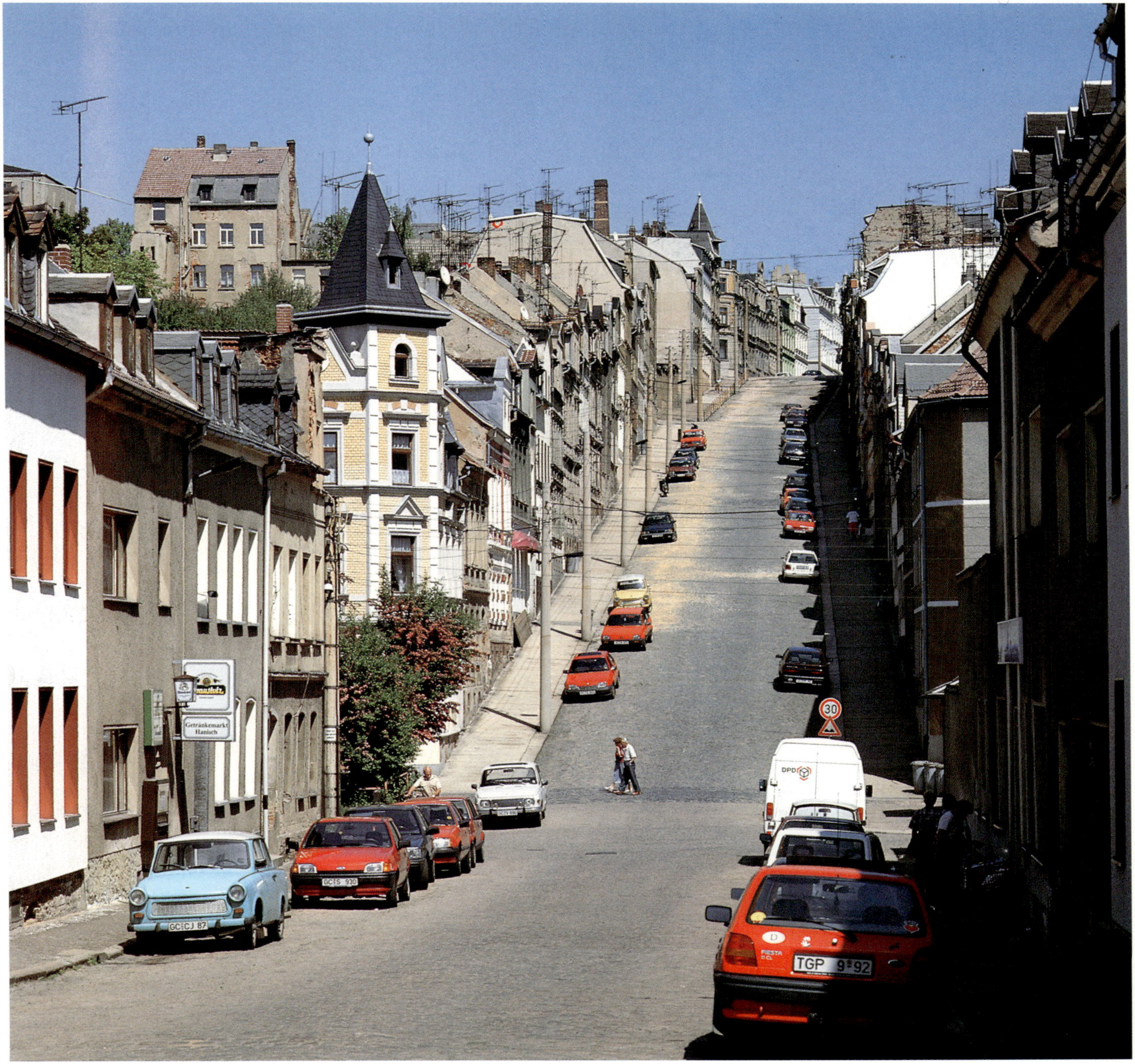
Getränkemarkt
Hanisch
30
DPD
TGP 9 92
GC CJ 87
GC S 930

Blick von der Schönberger Landstraße zum Böhmerviertel, benannt nach der Böhmerstraße, dem früheren Böhmersteig, einer historischen Handelsstraße in Richtung Leipzig.

Das Krankenhaus. Von 1857 bis 1859 mit freiwilligen Beiträgen der Bürger erbaut. Viele Umbau- und Modernisierungsmaßnahmen wurden in den letzten Jahren durchgeführt.

Blick von der Emil-Schleicher-Straße. Im Hintergrund Stadthalle und Steile Wand. Zahlreiche Gartenvereine prägen das Stadtbild und bieten zusätzlich Erholungsmöglichkeiten im Grünen.

Das Foyer der Stadthalle. In den Jahren 1927 bis 1928 als Haus der Turngemeinde erbaut. Die Stadthalle ist kulturelles Zentrum der Stadt und wird in zunehmendem Maße für überregionale Veranstaltungen genutzt.

Der Markt mit Renaissancerathaus. Es wurde von 1725 bis 1727 erbaut, nachdem das alte Rathaus beim größten Stadtbrand am 24. Mai 1724 völlig vernichtet worden war.

Die Marienstraße mit der evangelischen Stadtkirche Sankt Martin. Auch in dieser Straße beleben immer mehr Geschäfte und öffentliche Einrichtungen das unmittelbare Zentrum der Stadt.

Das Sitznischenportal am Rathaus ist eine Nachbildung, entstanden 1922 aus Rochlitzer Porphyrtuff. Außer dem Heimatmuseum ist dort das Standesamt mit einem sehr schönen Hochzeitssaal untergebracht.

Handwebstuhl in der ständigen Ausstellung des Heimatmuseums. Bereits 1620 gab es schon eine Weberinnung in der Stadt. Sonderausstellungen zeugen vom reichen Fundus des Museums.

Eckhaus an der Badener Straße, Obere Mühlgasse. Mittlerweile handelt es sich nicht mehr um Einzelbeispiele. Der Fassadenwettbewerb war für viele Hauseigentümer Ansporn, um zur Stadtbildverschönerung beizutragen.

In dem ehemaligen Ratssaal wurde die Galerie ART-IN eingerichtet. Seit der Eröffnung, anläßlich der Meeraner Kulturtage im Mai 1991, präsentierten zahlreiche Künstler ihre Werke. Auch für kleinere Konzerte und Autorenlesungen wird diese Einrichtung ständig genutzt.

Die Sankt Martinskirche. Sie wurde im Laufe der Jahrhunderte mehrfach umgebaut und vergrößert, so im Jahre 1825, zuletzt von 1882 bis 1883. Im ältesten Teil, dem Altarraum, dominieren romanische und gotische Elemente.

Der spätgotische Flügelaltar, entstanden um 1500, stammt wahrscheinlich aus der Werkstatt des Altenburger Künstlers Jakob Naumann. Durch mehrfachen Standortwechsel ist der Altar nicht mehr vollständig erhalten.

Blick vom Turm der Sankt Martinskirche auf den Neumarkt mit dem Rathaus im Hintergrund. Die historische innerstädtische Bebauung ist fast lückenlos erhalten.

Blick zum historischen Stadtkern. Von den vielen, einst stadtbildprägenden Schornsteinen sind nur noch wenige übriggeblieben. Durch die Nachnutzung der verschiedensten Industriebrachen wird sich das Stadtbild auch künftig noch wesentlich verändern.

Die katholische Kirche Sankt Marien Am Rotenberg. An gleicher Stelle stand einst eine Turnhalle, die von der katholischen Gemeinde erworben und 1950 zum Gottesdienstraum umgebaut wurde. Nach der baupolizeilichen Schließung wurde 1964 mit dem Abriß und 1965 an derselben Stelle mit dem Neubau der Kirche begonnen. Am 18. Oktober 1969 war Kirchweihfest.

Inneres der Sankt Marienkirche. Die vom Altenburger Künstler Medardus Höbelt entworfenen und gefertigten großen Glasfenster beeindrucken durch Einfachheit und farbige Ausgewogenheit.

Fassadendetail. Viele Häuser der Stadt wurden in der Gründerzeit erbaut. Immer mehr Fassaden entstehen in ursprünglicher Schönheit. Von dem einstigen Reichtum zeugen viele Details, die es zu erhalten gilt.

Die Goethe-Schule. 1899 wurde das Schulgebäude fertiggestellt; von 1908 bis 1911 erfolgte der Umbau zur Oberrealschule. Nach dem Zweiten Weltkrieg bis 1965 wurden Abiturienten ausgebildet. Danach war sie Oberschule, jetzt Mittelschule.

Das Richard-Hofmann-Stadion, benannt nach dem berühmten Fußballspieler aus Meerane. Es befindet sich in unmittelbarer Nähe des Wilhelm-Wunderlich-Parks.

In fast idealer Lage befinden sich die Häuser am Nelkenweg. Es ist die neueste abgeschlossene Wohnbebauung. Aber auch an anderen, nicht weniger attraktiven Standorten entstehen Eigenheime und Wohnanlagen.

Neubauten am Remser Weg. Durch den Verfall vieler Häuser in der Innenstadt wurde die Wohnungsnot immer akuter. So entstand noch in den letzten Jahren der DDR dieses Wohngebiet.

Am 16. Oktober 1991 wurde der erste Spatenstich im Gewerbegebiet an der B 93 getan. Bereits nach einem Jahr hatten schon 3 Unternehmen ihre Tätigkeit aufgenommen. In rasantem Tempo entstanden und entstehen weitere Firmen im größten Gewerbegebiet des Regierungspräsidiums Chemnitz.

Zwischen Schillerpark und Kirchenholz befindet sich der Gondelteich, ein beliebtes Ausflugsziel.

Wohnbebauung an der Straße des Friedens, unmittelbar in der Nähe des Zentrums, aber auch des Annaparks gelegen.

Berufliches Gymnasium. Im Jahre 1892 wurde das Gebäude für die Unterbringung der Web- und Handelsschule erbaut. Trotz umfangreicher Um- und Ausbauarbeiten bis Juni 1993 wurde an dieser Schule seit 1992 unterrichtet.

Der Wilhelm-Wunderlich-Park ist nach dem Stadtrat und Stifter Carl-Wilhelm Wunderlich (1839 bis 1893) benannt. Ein Teil der Stiftung wurde für die Schaffung der Wunderlichanlagen verwendet, zu denen noch der Annapark, die Mittel- und Merzenberganlagen gehören.   >

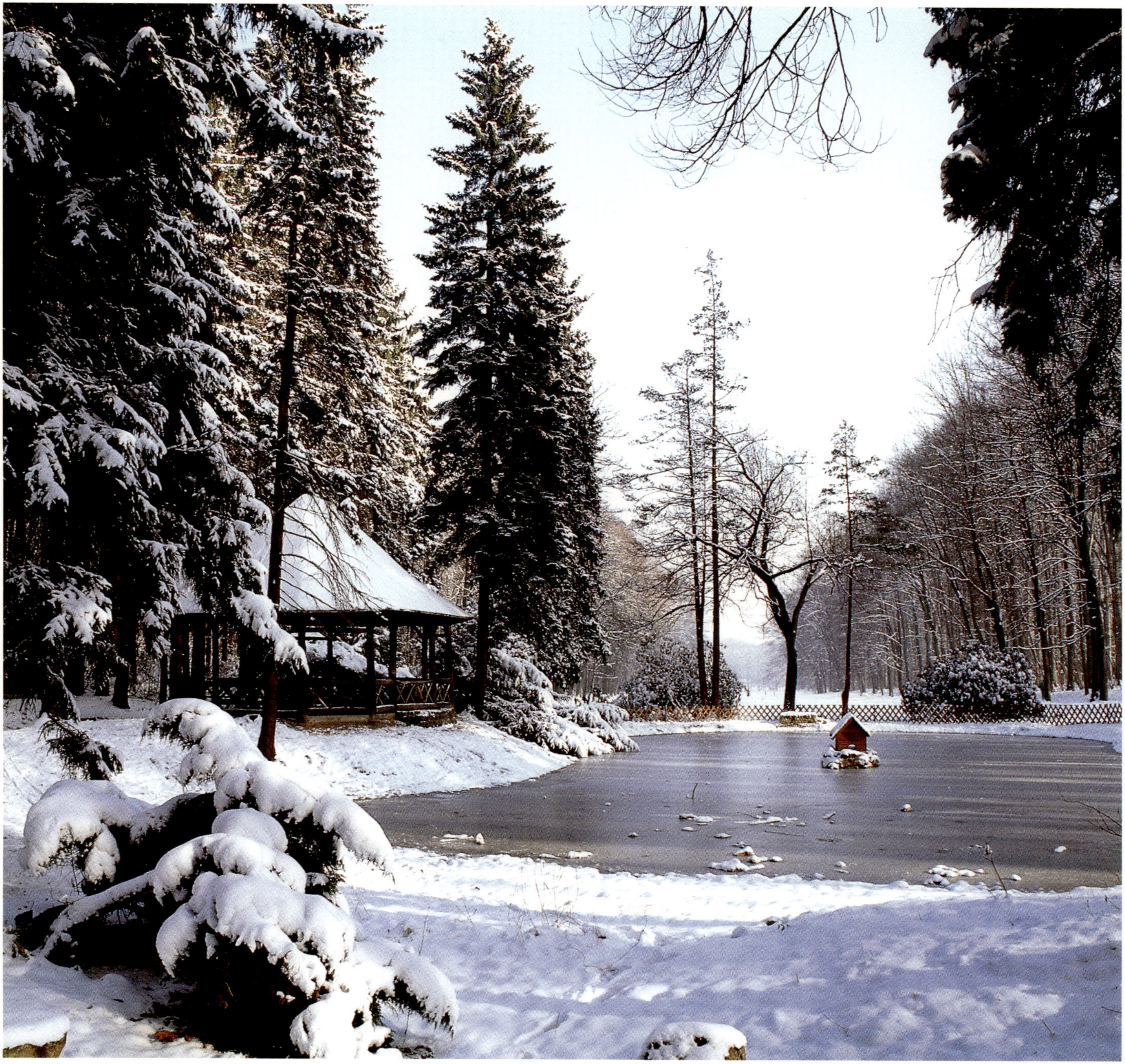

Blick zur Wilhelm-Wunderlich-Ehrung. Das Denkmal aus bayerischem Muschelkalkstein wurde 1909 zu Ehren des Stifters errichtet.

Am Eingang zum Wilhelm-Wunderlich-Park. Jährlich findet hier das überregional bekannte Parkfest statt. Kulturelle Veranstaltungen werden auf der Freilichtbühne und dem Vorplatz der Wunderlich-Ehrung angeboten.

Die Friedhofskapelle wurde von 1912 bis 1914 nach dem Entwurf des Architekten Paul Bender aus Dresden erbaut. Die Stifter waren Karl-Emil Schmieder und weitere Meeraner Bürger.

Blick auf den Seitengang der Friedhofskapelle mit Grabsteinen aus der Rokokozeit, die nach der Schließung des alten Gottesackers, dem heutigen Bürgergarten, 1871 auf den neuen Friedhof gebracht wurden.

Kirche im Ortsteil Waldsachsen (1562 erbaut). Nach Neudeckung des Daches und umfassender Renovierung konnte 1992 zu Pfingsten wieder Gottesdienst in der Kirche gefeiert werden.

Die Marienkirche im benachbarten Schönberg. Seit Oktober 1992 verbindet Schönberg mit Meerane eine Verwaltungsgemeinschaft.   >

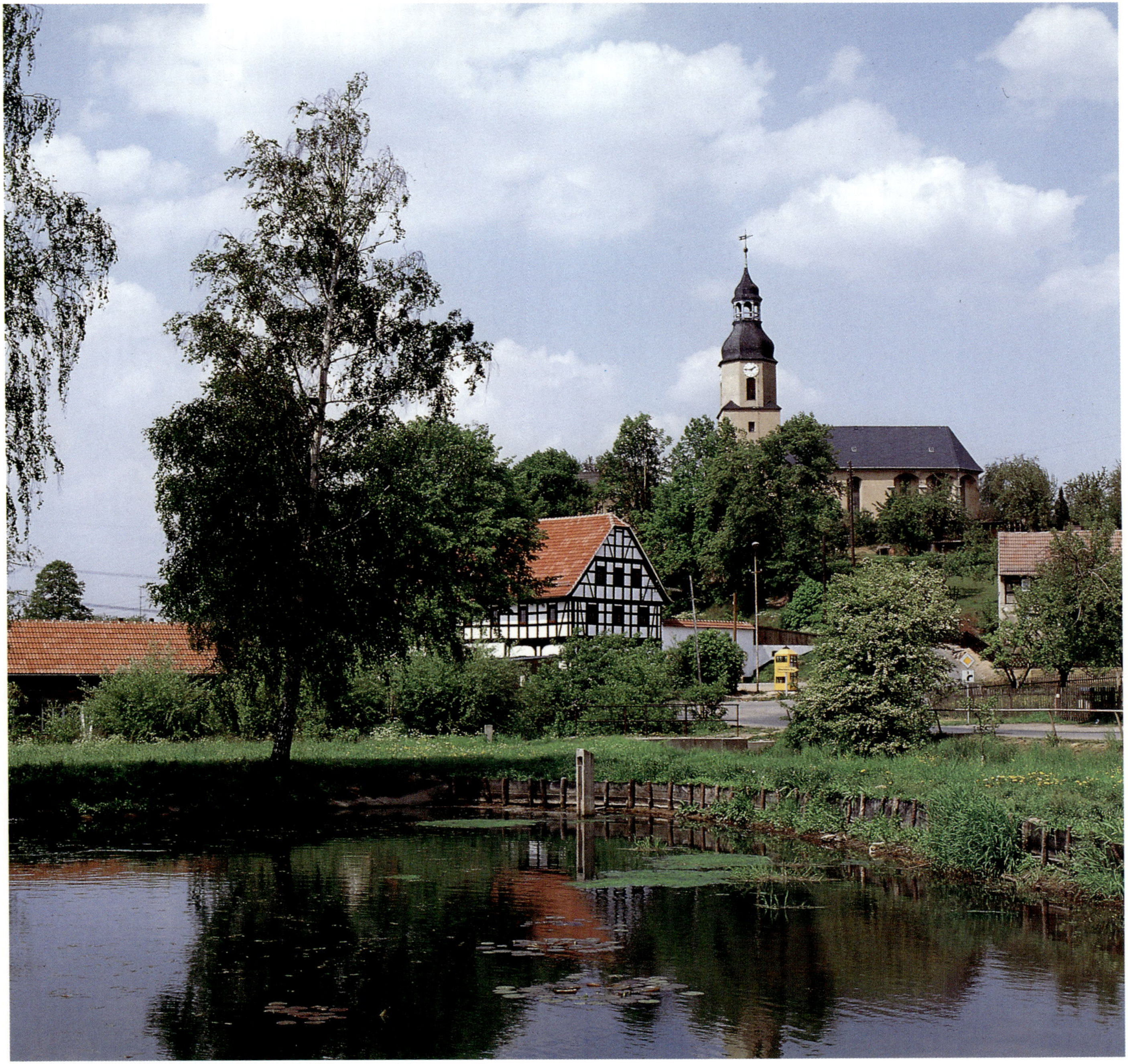

Der Verlag bedankt sich bei der Buchhandlung Goerke für die freundliche Zusammenarbeit.

© by STADT-BILD-VERLAG 1993
Alle Rechte beim Verlag.
Satz, Lithos, Druck und Binden:
LEIPZIGER MEDIENSERVICE
Gerichtsweg 26
(Im Graphischen Viertel)
04103 Leipzig
Tel. 0341/2 11 53 73, Fax 03 41/8 96 44
ISBN 3-928741-43-8